Helmut Wallner

EVIDENCE-BASED NURSING - vollständiger EBN- Zirkel Thema: Dekubitusprophylaxe

GRIN Verlag

Bibliografische Information der Deutschen Nationalbibliothek:

Die Deutsche Bibliothek verzeichnet diese Publikation in der Deutschen National-
bibliografie; detaillierte bibliografische Daten sind im Internet über http://dnb.d-
nb.de/ abrufbar.

Impressum:

Copyright © 2007 GRIN Verlag GmbH
Druck und Bindung: Books on Demand GmbH, Norderstedt Germany
ISBN: 978-3-640-43527-2

Dieses Buch bei GRIN:

http://www.grin.com/de/e-book/111455/evidence-based-nursing-vollstaendiger-
ebn-zirkel-thema-dekubitusprophylaxe

GRIN - Your knowledge has value

Der GRIN Verlag publiziert seit 1998 wissenschaftliche Arbeiten von Studenten, Hochschullehrern und anderen Akademikern als eBook und gedrucktes Buch. Die Verlagswebsite www.grin.com ist die ideale Plattform zur Veröffentlichung von Hausarbeiten, Abschlussarbeiten, wissenschaftlichen Aufsätzen, Dissertationen und Fachbüchern.

Besuchen Sie uns im Internet:

http://www.grin.com/

http://www.facebook.com/grincom

http://www.twitter.com/grin_com

Hausarbeit

ZENTRUM FÜR
MANAGEMENT UND QUALITÄT
IM GESUNDHEITSWESEN

DONAU-UNIVERSITÄT KREMS

3. MSc- Universitätslehrgang Pflegepädagogik

LV: EVIDENCE-BASED NURSING
Selbststudium II: vollständiger EBN – Zirkel
(Thema: Dekubitusprophylaxe)

vorgelegt von:

Helmut Wallner

06.07.2007

1 Inhaltsverzeichnis

2 Einleitung

Gehe ich von den grundlegenden Begriffen von Behrens und Langer aus, wird der Begriffe Evidence in eine „externe Evidence" und eine „interne Evidence" unterteilt. Behrens und Langer raten in diesem Zusammenhang sechs Schritte von der internen zur externen Evidence und zurück. *„Nach der Klärung der Aufgabenstellung oder genauer des Auftrags folgt die Formulierung einer beantwortbaren Fragestellung, die die Grundlage bildet für die Literaturrecherche, deren Ergebnisse kritisch beurteilt und anschließend in die Praxis implementiert werden, wobei eine abschließende Evaluation erfolgt."*[1] Dieser Prozess kann aber nicht von einem jeden Einzelnen alleine durchlaufen werden, dazu sind einerseits die Zeitressourcen, finanziellen Mittel nicht vorhanden, andererseits fehlt es den meisten Berufskollegen an den notwendigen Kompetenzen diese Aufgaben ohne professioneller Unterstützung zu bewältigen.

Die Methode von EBN lebt aber davon, dass die Schritte eins – Aufgabenklärung und zwei – Fragestellung von allen die pflegerische Entscheidungen treffen durchgeführt werden.[2] Zu dieser Anforderung finden wir in der Praxis auch ein großes Feld, bei dem dauernd neue Fragen aufgeworfen werden können und auch sollen. Für den Arbeitsauftrag dieser Hausarbeit sollte aber exemplarisch zur Übung noch einen Schritt weiter gegangen und nach der Recherche ein Artikel ausgewählt und kritisch analysiert werden.

Diese Anforderungen klingen ganz klar und nachvollziehbar, dennoch muss man sich darüber im Klaren sein, dass der Großteil der Pflegeliteratur in englischer Sprache vorliegt und neben einer Recherche in deutschen Datenbanken, auch eine Recherche in englischen Datenbanken durchgeführt werden muss. Anschließend ist eine nachvollziehbare kritische Bewertung der aufgefundenen Quelle unablässig. Aufgrund der Ausführung von Fr. Burns, im Unterricht an der Donauuniversität in Krems, wurde meine Motivation geweckt mich tatsächlich mit einer englischen Studie auseinanderzusetzen.

Um die anstehende Anforderung bewältigen zu können, war es aber notwendig mich einerseits im Unterrichtsskriptum von Fr. Burns und andererseits im Lehrbuch

---

[1] Behrens, Langer 2006, S.22

[2] vgl. Behrens, Langer 2006, S.267

„Evidence-based Nursing and Caring" von Behrens und Langer zu vertiefen. Speziell im Sprachverständnis (englische Terminologie) und in der Interpretation der Statistik und den dabei angegebenen Werten, war und ist noch viel Übung notwendig.

In diesem Beitrag wird nun die kritische Beurteilung einer englischen Studie vorgenommen. Die Studie, vergleichend mit Vorschlägen aus der Literatur, beleuchtet und die Auswirkungen auf die Pflege abgeleitet.

3 Aufgabenstellung

Der Arbeitsauftrag gestaltete sich in der Bearbeitung und Darstellung eines kompletten EBN – Zirkels. Von der Problemdarstellung, zur konkreten Fragestellung anhand des PIKE Schemas, Recherche in diversen Suchmaschinen, bzw. Datenbanken, Auswahl einer relevanten Studie und abschließend die Analyse, anhand eines Bewertungsbogens zur Erkenntnis- bzw. Praxisrelevanz, dieser Studie. Alle Schritte sollten so vorgestellt werden, dass es für den Leser nachvollzieh- und lückenlos wiederholbar wird.

4 Methodik

Nach der Entwicklung der konkreten Fragestellung erfolgte die Recherche in verschiedenen Datenbanken. Eine Hilfe für das Auffinden von relevanten Datenbanken waren einerseits die Erklärungen und Ausführungen von Fr. Burns, MN im Rahmen des Unterrichts, andererseits eine Linksammlung[3] auf der Homepage von Gero Langer. Außerdem noch die konkreten Angaben in den Lehrbüchern „Literaturrecherche für Gesundheitsberufe" von Kleibel und Mayer, sowie „Evidence-based Nursing and Caring" von Behrens und Langer.

4.1 Problemdarstellung

Als Lehrer für Gesundheits- und Krankenpflege hat man in seinem Arbeitsbereich, neben der Begleitung in der theoretischen Ausbildung auch die Aufgabe mit den Schülern in der Praxis zu arbeiten. Jeder Schüler hat Anspruch darauf, im laufe seiner praktischen Ausbildung, mindestes zwei Prozent des Stundenumfangs der praktischen Ausbildung von einem Lehrer für Gesundheits- und Krankenpflege

---

[3] vgl. http://home.arcor.de/gero.langer/links/d-daten.htm, Zugriff am 19.05.2007

unterrichtet zu werden.[4] In mein persönliches Aufgabengebiet, als Lehrer an der Schule für Gesundheits- und Krankenpflege am Kardinal Schwarzenberg´schen Krankenhaus in Schwarzach im Pongau, fällt die Begleitung der Schüler auf der traumatologischen und orthopädischen Abteilung unseres Hauses. Nach meinem Verständnis hat die praktische Anleitung (in unserem Haus als „klinischer Unterricht (KU)" bezeichnet) den Hauptzweck darin, einen sinnvollen Transfer zwischen Theorie und Praxis, in beiden Richtungen, zu gewährleisten. Aus diesem Grund werden in regelmäßigen Abständen über aktuelle Gegebenheiten bzw. Unklarheiten Fallbesprechungen, immer im Beisein von Schülern, Praxisanleitern (Mentoren) und der Lehrperson, durchgeführt.

In einem meiner letzten klinischen Unterrichte diskutierte ich mit einem Schüler über die verschiedenen Varianten der Lagerungsmöglichkeit zur Dekubitusprophylaxe. Gerade auf dem traumatologischen, orthopädischen Bereich sind viele Patienten anzutreffen, die vorübergehend ein niedriges bis mittleres Risiko einer Dekubitusgefahr aufweisen. Diese Gefahr besteht vor Allem während den ersten postoperativen Tagen, bei denen aus therapeutischen Gründen eine Bettruhe verordnet wird. Während dieses Gespräches erwähnte ich unter anderem auch, dass die Lagerung auf Schaffell bzw. die Verwendung von Fellschuhen einen positiven Einfluss auf die Prophylaxe eines Dekubitus darstellt. In meiner Ausbildung (ich habe 1990 diplomiert) war die Lagerung auf Fellen noch eine gängige Praxis, heute finden zur Prophylaxe bei niedrigem bzw. mittlerem Risiko eigentlich hauptsächlich Schaumstoffe (z.B. das Corpoform®) Anwendung. Ein paar Tage später wurde ich von einem der Praxisbegleiter der Abteilung kontaktiert. Seinen Ausführungen nach, sei es seit längerem bekannt, dass Schaffelle keine prophylaktische Wirkung bei der Entstehung eines Dekubitus haben. Diese Aussage stütze sich auf die Angaben von zwei verschiedenen Quellen. Einerseits auf das aktuelle Lehrbuch unserer Ausbildungseinrichtung „Pflege Heute", andererseits auf die Ausführungen im Buch „Prophylaxen in der Pflege". Der Praxisanleiter bat mich somit die Angabe meinerseits, bzgl. der dekubitusprophylaktischen Wirkung von Schaffellen, beim Schüler zu revidieren.

Nach diesem Gespräch recherchierte ich umgehend in den beiden Quellen auf die der Praxisanleiter Bezug genommen hatte und musste folgendes feststellen.

---

[4] vgl. § 19, GuK-AV, BGBl. II, Nr.179

Kamphausen schreibt in seinem Buch „Prophylaxen in der Pflege": *„Auch wassergefüllte Handschuhe, Watteverbände, Fersenschoner aus Fell oder Fellschuhe entlasten die Fersen nicht genügend (Gerhard Schröder, Uni. Witten/Herdecke, 1997).*"[5] Auch die Aussage bezogen auf das Lehrbuch „Pflege Heute": *„Wasserkissen, Fersen-, Hacken- und Ellenbogenschoner, Watteverbände, Gummiringe, echte und künstliche Felle führen zu keiner Druckreduzierung und sind somit ungeeignet zur Druckreduzierung."*[6], unterstützten die Argumentation des Praxisanleiters.

Im Anschluss an diese Erkenntnis recherchierte ich im Internet mit der Suchmaschine Google. Google ist zwar nicht das Mittel der ersten Wahl bei der Recherche nach wissenschaftlichen Quellen bzw. Studien, dennoch aber für eine erste Sichtung und für eine generelle Übersicht[7], gestützt auf meinen bisherigen Erfahrungen, nicht uninteressant. Meine eingegebenen Suchbegriffe auf www.google.at waren, „Dekubitusprophylaxe, Schaffell, Studie". Als Ergebnis der Suche im Web bekam ich neun Treffer. Zwei dieser Treffer bzw. Artikel beschäftigten sich eindeutig mit Untersuchungen von Schaffellen zur Dekubitusprophylaxe[8] und waren als pdf. Dokument bzw. Word Dokument abrufbar und sind im Anhang dieser Arbeit angefügt. Beide Artikel waren zwar nicht für eine Untersuchung, wie für diese Analyse gefordert, geeignet, ermunterten mich aber zu einer konkreten Entwicklung einer Fragestellung und anschließenden Recherche in medizinischen Datenbanken. Diese Ermutigung passierte nicht zuletzt aus dem Grund, weil die beiden vorher genannten Artikel den Fellen gegenüber positiv eingestellt waren und ich somit hoffte, eine qualitativ hochwertige wissenschaftliche Studie zu finden, welche dem Einsatz von Fellen zur Dekubitusprophylaxe eine Berechtigung verlieh.

4.2 Fragestellung anhand PIKE Schema

Nachdem uns im Rahmen des Unterrichts das PIKE Schema vorgestellt und anhand einer Übung trainiert wurde, versuchte ich meine Erkenntnisse zu festigen. Auch

---

[5] Kamphausen 2005, S.30

[6] Menche et al. 2004, S.220

[7] vgl. Behrens, Langer 2006, S.119-120

[8] vgl. Anhang 1 und 2 im Anhang

dazu waren die Ausführungen bei Behrens und Langer, inkl. der diversen Beispiele für Fragestellungen nach diesem Schema, wieder hilfreich.

P → steht für den Pflegebedürftigen,

I → für Intervention,

K → für Kontrollintervention und

E → für das Ergebnismaß.[9]

Ausgehend von meiner grundsätzlichen Fragestellung, ob der Einsatz von Schaffellen nun eine dekubitusprophylaktische Maßnahme darstellt oder nicht, entwickelte ich meine konkrete Fragestellung. Bezogen auf mein Problem definierte ich unter Zuordnung zu den einzelnen Kriterien folgende Fakten.

Pflegebedürftige: Patienten mit geringem bis mittlerem Dekubitusrisiko

Intervention: Schaffell als Auflage auf Matratze

Kontrollintervention: kein Schaffell

Ergebnismaß: Dekubitusentstehung

Somit lautete meine konkrete Fragestellung:

„Kann bei pflegebedürftigen Menschen mit geringem bis mittlerem Dekubitusrisiko, durch eine permanente Lagerung auf Schaffell, die Dekubitusentstehung gesenkt werden?"

Der Vorteil in der Entwicklung einer Fragestellung anhand des PIKE Schemas liegt darin, dass unter diesen verschiedenen Blickwinkeln die zentralen Schlüsselworte für eine Recherche enthalten sind.[10]

Als nächster Schritt folgte die Recherche in den verschiedenen Datenbanken.

4.3 Die Recherche in verschiedenen Datenbanken

Grundlage für die Recherche waren die Ausführungen von Behrens und Langer[11], bei denen eine Beschreibung der Datenbanken und deren Eignung für die Recherche beschrieben wurden. Auch die Quelle von Kleibel und Mayer[12], vor allem im zielgerichteten Umgang mit PubMed, war sehr hilfreich. Nachdem in unserer Schule ein online Zugang zu „Pflege der ersten unabhängigen wissenschaftlichen

---

[9] vlg. Behrens, Langer 2006, S.99f

[10] vgl. Behrens, Langer 2006, S.99

[11] vgl. Behrens, Langer 2006, S.112f

[12] vgl. Kleibel, Mayer 2005, S.105ff

Zeitschrift für Gesundheits- und Krankenpflege im deutschen Sprachbereich" seit der Ausgabe 1/1999 besteht, suchte ich als erstes in der Datenbank vom Huber Verlag[13]. Der Suchbegriff „Dekubitusprophylaxe" ergab drei Treffer, wobei bei keinem dieser Artikel das Schaffell erwähnt wurde. Mit dem Suchbegriff Dekubitusrisiko ergab es einen Treffer, der aber bezogen auf die Fragestellung nicht relevant war und bei „Schaffell" bekam ich keinen Hinweis.

Nachdem die Angaben bei Kleibel und Mayer bezüglich der Recherche in PubMed so ausführlich waren und auch Behrens und Langer diese Datenbank als sehr empfehlenswert beschrieben, war diese Datenbank meine favorisierte Wahl.
Der Zugang zur Datenbank von PubMed ist unter: http://www.ncbi.nlm.nih.gov/entrez/query.fcgi?DB=pubmed frei verfügbar. In der Grundmaske der Homepage findet man eine Eingabezeile, in welcher der Suchbegriff eingegeben werden kann. Nachdem es sich um eine „englischsprachige medizinische Literaturdatenbank"[14] handelt, sind die Suchbegriffe in englischer Sprache einzugeben. Für die Übersetzung der Fachbegriffe wurde meinerseits das Wörterbuch für die Pflege verwendet.[15] Die zentralen Schlüsselbegriffe meiner Fragestellung waren, Dekubitus (pressure ulcer, pressure ulcus, bedsore), Prophylaxe (prophylactic, oder preventing) und Schaffell (sheepskin). Zusätzlich wollte ich eine randomisierte kontrollierte Studie (randomised controlled) aussuchen, weil durch die Zufallsauswahl der Pflegebedürftigen, bekannte und unbekannte Faktoren gleichmäßig auf beide Gruppen verteilt werden und so der störende Einfluss (Bias) minimiert wird. Randomisierte Studien stellen für die Untersuchung von therapeutischen Verfahren den Goldstandard dar.[16] Gestützt auf diese Angabe war eine Suche nach einer randomisierten Studie notwendig. Die Ergebnisse der einzelnen Suchbegriffe in der Eingabezeile auf PubMed, werden nachfolgend detailliert dargestellt. Als erstes wollte ich mir einen Überblick über die verschiedenen Treffer beim Suchbegriff Dekubitus (pressure ulcer, pressure ulcus, bedsore)

---

[13] vgl. http://www.verlag-hanshuber.com/zeitschriften/journal.php?abbrev=PFL

[14] vgl. Kleibel, Mayer 2005, S.105

[15] vgl. Berning, Berning 2005

[16] vgl. Behrens, Langer 2006, S.310

verschaffen. Als Unterstützung für die korrekte Eingabe in PubMed, wurden die konkreten Angaben in Kleibel und Mayer herangezogen.[17]

Die Eingabe „pressure ulcer" ergab 7208 Treffer. „Pressure ulcus" 250 Treffer. „Bedsore" 7145 Treffer. Beim Begriff der Prophylaxe (Prophylactic, preventing) waren die Treffer noch höher. „Prophylactic" ergab 39403 Treffer und „preventing" gar 71165 Treffer. Bevor diese Begriffe nun miteinander verknüpft wurden, wollte ich noch nach Schaffell (sheepskin) und randomisiert kontrolliert (randomised controlled) suchen. „Sheepskin" ergab 53 Treffer und „randomised controlled" 27328 Treffer. Den nächsten Schritt stellte nun die logische Verbindung der einzelnen Schlüsselbegriffe meiner Fragestellung dar. Die Verknüpfung mit dem Operator AND (der in Großbuchstaben geschrieben werden muss)[18], von „preventing" AND „pressure ulcus" ergab drei Treffer. Leider war in den Trefferergebnissen dieser Studien das Wort Schaffell nicht vorhanden, außerdem lagen diese Studien nur als Abstrakte (Abstracts) vor. Bei der Verknüpfung von „randomised controlled" AND „preventing" wurden 395 Treffer angezeigt. Die Verbindung von „randomised controlled" AND „pressure ulcus" ergab keine Übereinstimmung. Das heißt alle diese Eingaben waren noch zu ungenau bzw. zu generell. Bei der Verknüpfung von „sheepskin" AND „randomised controlled", stellte mir PubMed aber nur noch einen Treffer aus. Der Titel, genauso wie das Abstrakt, war vielversprechend, weil ich mir Antworten auf meine Fragestellung erhoffen konnte. Wie sich anschließend nach einer genaueren Betrachtung herausstellte, war diese Studie auch schon unter den 53 Treffern nach dem Suchbegriff „sheepskin" angegeben. Nachdem aber unter dem Begriff Schaffell viele Studien angegeben waren, die sich mit der Allergieprävention bei Kindern mit Atembeschwerden beschäftigten, habe ich hier die klare Zuordenbarkeit noch nicht erkannt. Der große Vorteil, der sich zusätzlich noch bot, war der, dass diese Studie in einer Volltextversion vorlag. Nachdem ich das Abstrakt gelesen hatte, konnte ich in der linken oberen Zeile sehen, dass es einen Link zu „eMJA" (The Medical Journal of Australia) gab, auf dem diese Studie in Volltextversion zu lesen war. Nachdem ich mich auf http://www.mja.com.au/public/issues/180_07_050404/jol10222_fm.html befand, konnte ich noch zusätzlich feststellen, dass dieser Artikel auch als pdf. Dokument

---

[17] vgl. Kleibel, Mayer 2005, S.107f

[18] vgl. Kleibel, Mayer 2005, S.107

konvertierbar und ohne Kosten auf den eigenen Rechner herunterladbar war. Diese Fakten waren die Grundlage dafür, mich für diese Studie zu entscheiden und die geforderte Analyse anhand dieses Artikels durchzuführen.

4.4 Die Studie

Wie im vorhergehenden Text beschrieben, viel die Wahl auf einen open- label randomisierten kontrollierten Versuch, der die Wirksamkeit von neuem hochwertigen australischen medizinischen Schaffell zur Vermeidung von Dekubitus untersuchte. Nachstehend die genaue Bezeichnung der Studie, welche auch im Anhang 3 als pdf. Dokument vorliegt. „Jolley, D.J.; Wright, R.; McGowan, S.; Hickey, M.B.; Campbell, D.A.; Sinclair, R.D.; Montgomery, K.C. (2004): Preventing pressure ulcers with the Australian Medical Sheepskin: an open-label randomised controlled trial. MJA 2004, Apr. 5;180:324-327."[19]

Der nächste Arbeitsschritt bestand nun darin, die Studie ins deutsche zu übersetzen. Dieser Prozess nahm aufgrund des eingerosteten Verständnisses bzgl. der Fachtermini erhebliche Zeit in Anspruch, war aber für die Analyse selbstverständlich unerlässlich. In der Annahme, die Studie ausreichend übersetzt zu haben, machte ich mich an die Analyse.

5 Die Analyse

Der elementare Sinn von Evidence-based Nursing, um Wissen für die Praxis ableiten zu können, besteht darin, sich mit der kritischen Beurteilung von Studien auseinanderzusetzen.[20] Zu diesem Zweck stehen unterschiedliche Beurteilungsbögen, je nachdem mit welchem Studientyp man es zu tun hat, zur Verfügung.[21] Nachfolgend wird anhand eines Beurteilungsbogens die vorliegende Studie analysiert.

---

[19] vgl. Anhang 3

[20] vgl. Behrens, Langer 2006, S.133f; Burns 2007, S.11f

[21] vgl. Burns 2007, S.25f

5.1 Auswahl des Beurteilungsbogens

Nachdem es sich bei der vorliegenden Studie um eine Intervention handelt, fiel die Entscheidung auf den Beurteilungsbogen „Beurteilung einer Interventionsstudie" von Behrens und Langer. Der Beurteilungsbogen ist im Anhang[22] angefügt.

5.2 Analyse anhand des Beurteilungsbogens - Interventionsstudie

Nachfolgend werden die 15 Kriterien in insgesamt drei Hauptbereichen beschrieben. Die Hauptbereiche Glaubwürdigkeit, Aussagekraft und Anwendbarkeit werden vorangestellt und die einzelnen Kriterien mit den konkreten Fragestellungen weiter beschrieben.

Der Glaubwürdigkeit sind insgesamt acht detaillierte Fragen zugeordnet, der Aussagekraft drei und der Anwendbarkeit vier Fragen. Die eingangs anzugebende Quelle und die Forschungsfrage wurden schon im vorhergehenden Text beschrieben.

5.2.1 Glaubwürdigkeit

Frage 1) Wie wurden die Teilnehmer rekrutiert und den Untersuchungsgruppen zugeteilt?

Die Probanden wurden aus allen Patienten, die im Zeitraum eines halben Jahres im royal Melbourne Hospital, einem allgemeinen Lehrkrankenhaus mit ca. 360 Betten in Melbourne, Victoria, aufgenommen wurden und ein niedriges bis mittleres Risiko (bis kleiner 12) laut Braden- Dekubitusrisiko- Einschätzungsskala[23] hatten, ausgewählt. Die Verweildauer der Patienten musste länger als 48 Stunden betragen. Die Auswahl passierte durch einen von fünf klinischen Pflegespezialisten, die als Forschungspersonal beschäftigt waren. Klare Ein- und Ausschlusskriterien wurden formuliert, die Patienten randomisiert und anhand von 16 verschiedenen Umschlägen (je acht für bzw. gegen die untersuchende Gruppe) der Gruppe zum Erhalt des Schaffells oder der Gruppe für die Standardbehandlung zugeteilt. Warum es ausgerechnet 16 Umschläge (je Intervention acht) waren, geht aus der Studie nicht hervor.

---

[22] vgl. Anhang 4

[23] vgl. Anhang 5

Frage 2) Wie viele Patienten, die anfangs in die Studie aufgenommen wurden, waren am Ende noch dabei?

Der Probandenfluss durch jede Stufe des Versuchs wird in der Tabelle 2 gezeigt.[24] 539 der 1900 potentiellen Probanden wurden randomisiert zugeteilt (n=539). 270 in der Schaffellgruppe und 269 in der Referenzgruppe. 52 Patienten schieden aus der Schaffellgruppe aus (=218) und 46 aus der Referenzgruppe (=223). Am Ende waren somit noch 441 Patienten dabei.

Frage 3) Waren die Teilnehmer, das Personal und die Untersucher verblindet?

Nein, es war ein open-label nicht verblindeter Versuch, da es logistisch unmöglich gewesen wäre, die Patienten, das Stationspersonal und das Forschungspersonal für die Behanglungsgruppe zu verblinden. *„As it was logistically impossible to blind patients, war staff and research nurses to the treatment group, this was an open-label, unblinded trial."*[25]

Frage 4) Waren die Untersuchungsgruppen zu Beginn der Studie ähnlich?

Ja, weil eindeutige Ein- und Ausschlusskriterien festgelegt waren.[26] Auch aus der Tabelle 3 der Studie geht eindeutig hervor, dass die Aufteilung der Probanden, nach Geschlecht, Alter und Verteilung auf die verschiedenen Fachdisziplinen nahezu gleichwertig war.[27] Die Schaffell- und Referenzgruppe differieren wesentlich nur durch die Aufnahmeart, da in der Schaffellgruppe mehr Akutaufnahmen waren.

Frage 5) Wurden die Untersuchungsgruppen – abgesehen von der Intervention – gleich behandelt?

Diese Frage lässt sich mit den Ausführungen der vorliegenden Studie nicht beantworten. Einzig in der Diskussion lässt sich ein Hinweis auf einen evtl. „Pflege-Bias" finden. Die Autoren geben zu bedenken, dass es sein kann, dass die Pflegepersonen bei Patienten, welche das Schaffell erhalten haben mehr Maßnahmen zur Druckerleichterung eingesetzt haben. Denn gerade bei diesen

---

[24] vgl. Jolley et al. 2004, S.325

[25] Jolley et al. 2004, S.325

[26] vgl. Jolley et al. 2004, S.325

[27] vgl. Jolley et al. 2004, S.326

Patienten war es aufgrund der Wahrnehmung - Fell im Bett - ja ersichtlich, dass eine Gefährdung vorliegen kann. Es ist andererseits aber auch nicht auszuschließen, dass gerade eben aus diesem Grund, weil diese Patienten ja bereits ein therapeutisches Instrument hatten, eventuell auch weniger Druckerleichterungspflege eingesetzt wurde.

Frage 6) Wurden alle Teilnehmer in der per Randomisierung zugeteilten Gruppe bewertet?

Ja, das wurde im Text der Studie unter Results[28] klar beschrieben.

Frage 7) War die Größe der Stichprobe ausreichend gewählt, um einen Effekt nachweisen zu können?

Die Berechnungsformel für die Power (statistische Trennschärfe) ist mir unklar. Aber in der Studie ist unter „Statistischer Analyse" beschrieben, dass für einen Test auf einem Signifikanzniveau von 5%, mindestens 70 neue Dekubitus (quer durch beide Gruppen) erforderlich sind. Nach 3289 Betttagen unter Beobachtung, waren 85 neue Dekubitus aufgelistet und das Auswahlverfahren wurde beendet.[29] Damit würde ich die Stichprobengröße als ausreichend bezeichnen.

Die Kaplan-Meier Überlebenskurven[30][31] zeigen für die Zeit bis zum Ausbruch des ersten Dekubitus, die Trennung zwischen Schaffell und Referenzgruppe (P kleiner als 0,001, log-rank Test). *„Ist der p-Wert kleiner als 0,05, so kann man mit mehr als 95-prozentiger Wahrscheinlichkeit sagen, dass die Ergebnisse nicht auf einen Zufall zurückzuführen sind."*[32]

Frage 8) Stehen die Ergebnisse im Einklang mit andern Untersuchungen auf diesem Gebiet?

Im Text wird definitiv auf eine frühere australische Untersuchung hingewiesen[33].

---

[28] vgl. Jolley et al. 2004, S.326

[29] vgl. Jolley et al. 2004. S.326

[30] vgl. Behrens, Langer 2006. S.307

[31] vgl. Jolley et al. 2004, S.327

[32] vgl. Behrens, Langer 2006, S.309

[33] vgl. Jolley et al. 2004, S.324,326

Für eindeutige Aussagen, die evidence-based sind, wären aber weitere Recherchen in den medizinischen Datenbanken, vor allem in englischer Literatur notwendig, welche aber den Rahmen des Arbeitsauftrages sprengen würden.

5.2.2 Aussagekraft

Frage 9) Wie ausgeprägt war der Behandlungseffekt?

Die grobe Inzidenzrate von Dekubitus in der Schaffellgruppe war 0,42 mal die der Referenzgruppe ($CI_{95\%}$, 0,26-0,67), was eine Reduktion des Dekubitusrisikos von mehr als 50% impliziert.

Kumulative Dekubitusinzidenz:

- Interventionsgruppe (n=218): 9,6% ($CI_{95\%}$ 6,1%–14,3%)
- Kontrollgruppe (n=223): 16,6% ($CI_{95\%}$ 12,0%–22,1%)

Relatives Risiko:

- 0,58 ($CI_{95\%}$ 0,35–0,96; p=0,03)

„Conclusions: The Australien Medical Sheepskin is effective in reducing the incidence of pressoure ulcers in general hospitals inpatients at low to moderate risk of these ulcers."[34]

Frage 10) Sind die unterschiedlichen Ergebnisse nicht nur auf einen Zufall zurückzuführen?

Nein, da P kleiner als 0,001, log-rank Test. Siehe Frage 7.

Die Autoren geben jedenfalls an, dass sie meinen, dass diese Stichprobe repräsentativ für die allgemeine Erwachsenenpopulation, wie sie in den meisten Tertiärkrankenhäusern vorgefunden wird, ist und die Resultate auf ähnliche Krankenhäuser Australiens generalisiert werden können. *„We believe our sample is representative of the general adult population found in most tertiary hospitals, and that our results can be generalised to most similar hospitals across Australia."*[35]

---

[34] Jolley et al. 2004, S.324

[35] Jolly et al. 2004, S.327

Frage 11) Wie präzise sind die Ergebnisse?

Der Konfidenzintervall ($CI_{95\%}$), gibt mit einer 95%igen Wahrscheinlichkeit an wo der gesuchte wahre Wert liegt.[36] Mit einem kumulativen Inzidenzrisiko ($CI_{95\%}$) von 9,6% (6,1%-14,3%) zu 16,6% (12,0%-22,1%) bzw. einer Risikorate ($CI_{95\%}$) von 0,58 (0,35-0,96) bei individuellen Patienten in der Schaffellgruppe im Vergleich zu 1,0 bei der Referenzgruppe, konnte gezeigt werden, dass das Risiko für einen Dekubitus in der Schaffellgruppe um ca. 40% geringer ist. Bei einem Vergleich, bezogen auf 100 Betttage, stellte sich heraus, dass für die Schaffellgruppe eine Inzidenzrate ($CI_{95\%}$) von 1,6 (1.0-2,3) im Gegensatz zu 3,7 (2,8-4,8) Dekubitus pro 100 Betttage, die Gefahr einer Entstehung um 58% reduzierte. Dies entspricht einer Inzidenzrate ($CI_{95\%}$) im Verhältnis von 0,42 (0,26-0,67).

5.2.3 Anwendbarkeit

Frage 12) Sind die Ergebnisse auf meine Patienten übertragbar?

Grundsätzlich Ja, da im österreichischen Raum bis ca. 1995 Schaffelle verwendet wurden und die untersuchten Patienten medizinisch, mit denen auf der orthopädischen und traumatologischen Abteilung unseres Hauses vergleichbar sind. Die Studie belegt meiner Ansicht nach, dass Schaffelle eine positive Wirkung zur Dekubitusprophylaxe haben und ich damit Argumentationshilfen bzgl. der verschiedenen dekubitusprophylaktischen Maßnahmen und der kritischen Bewertung von Angaben in der Literatur (Pflege Heute, Prophylaxen in der Pflege) habe. Einschränkend muss ich natürlich festhalten, dass ich die Qualität des Australischen medizinischen Schaffells nicht nachvollziehen kann und somit auch nicht uneingeschränkt auf die medizinischen Felle, welche in Österreich angeboten werden übertragen kann. Ob das andere Klima in Australien, speziell die Temperaturen, bzw. die Luftfeuchtigkeit eine zu berücksichtigende Auswirkung auf die zu betreuenden Patienten hat, kann ich ebenfalls nicht beurteilen.

Frage 13) Wurden alle für mich wichtigen Ergebnisse betrachtet?

Nicht komplett, weil keine Aussagen über mögliche Komplikationen, bzw. Kontraindikationen getroffen wurden. Es gibt keine Aussagen darüber, wie sich die Patienten dabei gefühlt haben, wie die Intimsphäre gewahrt wurde (nackte Haut auf

---

[36] vgl. Behrens, Langer 2006, S.308, 203

15

dem Fell als Voraussetzung?) bzw. wie es mit dem Schwitzen ganz allgemein ausgesehen hat. Außerdem wurden keine Angaben bzgl. möglicher Allergien getätigt. Speziell bei direktem Kontakt mit Tierfellen sind ja allergische Reaktionen bekannt. Außerdem gibt es keine eindeutigen Angaben darüber, wie häufig die Felle gewaschen werden können und ob es dadurch zu einem Wirkungsverlust kommt.

Frage 14) Ist der Nutzen die möglichen Risiken und Kosten wert?
Grundsätzlich Ja, weil die Behandlung eines Dekubitus teurer kommt als die Anwendung eines Schaffells. *„Although the sheepskin may initially add to the cost of patient care, it has the potential to reduce the incidence of pressure ulcers in general hospital patients."*[37] Außerdem sind alle anderen dekubitusprophylaktischen Materialen (Schaumstoffe, Wechseldruckmatratzen, usw.) ebenfalls mit Kosten verbunden.

Frage 15) Benotung der Glaubwürdigkeit (Bias-Vermeidung)
Hier stellt sich für mich das Problem, dass ich aufgrund einer fehlenden Legende auf dem Beurteilungsbogen nicht abschätzen kann, welcher Wert gefordert wird. Sind mit 1 bis 6 Noten gemeint oder steht das für eine Punktezahl?
Bezüglich des möglichen Bias gibt es aber klare Angaben in der Diskussion der Studie. So z.B., dass der vorrangigste Bias der Beobachter-Bias war, weil ein Dekubitus ersten Grades schwierig zu diagnostizieren war. Aufgrund eines objektiven, reliablen Instruments zur Einschätzung (Braden Skala), war ein Bias aber dennoch unwahrscheinlich *„However, risk was assessed with an objective reliable insturment, (Braden Scale) so that bias was unlikely."*[38]

---

[37] Jolley et al. 2004, S.327
[38] Jolley et al. 2004, S.327

6 Resümee

Die zielgerichtete Auseinandersetzung im Rahmen dieser Arbeit, von der Problemstellung über die konkrete Frage zur Recherche und Analyse, war zwar sehr zeitintensiv, gleichzeitig aber spannend und lehrreich.

Wie beim PBL (Problem Based Learning), wird auch hier im EBN, im Sinne des gemäßigten Konstruktivismus, die subjektive Theorie aufgebrochen und mit konkreten Daten gefüttert. Denn nur dann, wenn es gelingt sich seine eigenen Erfahrungen bewusst zu machen und diese im Anschluss mit aktuellen Ergebnissen und Fakten verknüpft werden, kann es gelingen notwendige Konsequenzen abzuleiten und vorhandenes Wissen zu assimilieren. Der Lernerfolg bei der selbstständigen Auseinandersetzung mit Arbeitsaufträgen, Literatur und Professionisten ist ungleich höher als bei einer reinen Vorlesung. Träges Wissen haben wir in den vergangenen Ausbildungen schon ausreichend angesammelt.

Ich bin davon überzeugt, Begriffe wie PIKE Schema, die sechs Schritte im EBN Zirkel, Konfidenzintervall ($CI_{95\%}$), usw. gut verankert zu haben und im Bedarfsfall darauf zurückgreifen zu können.

Wenngleich die Übersetzung und zielgerichtete Auseinandersetzung mit den statistischen Begriffen mühsam war, so bin ich doch nach Abschluss einer solchen Bearbeitung und Aufgabenstellung ein wenig zufriedener. Vor allem, da ich fest davon überzeugt bin, dass in EBN eine wesentliche Chance für die Emanzipation bzw. Professionalisierung des Pflegeberufs liegt. Will ich den eingeschlagenen Weg der Weiterqualifizierung innerhalb der Berufsgruppe festigen, führt an EBN kein Weg vorbei. Ich bin mir aber dennoch bewusst, dass diese Aufgabe eine sehr zeitintensive ist und daher sinnvoller Weise immer wieder auf Spezialisten, die sich hauptberuflich mit dieser Thematik auseinandersetzen, zurückgegriffen werden soll und muss.

Allein aber die notwendige Übung, im Umgang mit guten Datenbanken für Pflegewissen (z.B. PubMed) und konkreten Bewertungsbögen für die verschiedenen Studien, bringen große Vorteile für die Praxis.

Bezogen auf meine eingangs beschriebene Problemstellung, folgte nach diesen Ergebnissen ein sehr interessantes und lehrreiches Gespräch zwischen dem Praxisanleiter und mir. Zu einem späteren Termin, der noch nicht festliegt, werden wir auch den Schüler hinzuziehen um die Erkenntnisse auszutauschen. Was mir sehr bewusst wurde war, dass diese erste Recherche nur einen Anfang darstellt. Während der Recherche bin ich ja auf verschiedene Artikel gestoßen, die ich erst in einem weiteren Schritt auswerten bzw. kritisch prüfen werde können. Aber der Grundstein ist gelegt.

Sehr ernüchternd war für mich, weil noch nie in dieser Dimension hinterfragt, dass auch Lehrbücher in ihren Angaben kritisch zu hinterfragen sind. Wenn sich Autoren, die 2005 publizierten, auf Studien aus dem Jahre 1997 berufen, ist das bedenklich. Gleichzeitig macht mir diese Tatsache, in meiner Berufsrolle als Pflegepädagoge, aber auch ein wenig Angst. Welchen Fakten darf ich noch trauen, sind die Angaben in den Lehrbüchern alle so kritisch zu hinterfragen, was gehört eigentlich überprüft bzw. evidence-based ausgewertet, vor Allem woher nehme ich die dafür notwendige Zeit, ... ?

Wie Fr. Burns, MN, im Rahmen des Unterrichts an der Donauuniversität Krems schon sagte, eigentlich müsste jeder Lehrer für Gesundheits- und Krankenpflege bevor er unterrichtet seine Aussagen evidence-based prüfen. In diesem Zusammenhang habe ich immer noch die Begriffe Temperatur, Hautpflege, Pneumonieprophylaxe, usw. im Kopf. Nur da stellt sich tatsächlich das Problem der fehlenden Zeitressourcen. Wie schön wäre es, wenn es in Österreich, genauso wie in Australien, nationale Guidelines gäbe, die verbindlich für unsere Berufsgruppe mit den verschiedenen EBN- Kriterien/Klassen versehen wären.

Auch ein Lehrbuch wie jenes, welches wir im Rahmen des Unterrichts zu Gesicht bekommen haben, wäre eine optimale Voraussetzung und eigentlich unbedingt notwendige Basis für die Lehre.

Nachdem das in Österreich aber noch visionäre Zukunftsmusik ist, bleibt einem jeden Einzelnen, der seinen Beruf erst nimmt, nur die Möglichkeit nach bestem Wissen und Gewissen redlich zu Recherchieren. Auch Netzwerken, die sich aufgrund solcher Weiterbildungsstudien entwickeln, traue ich tragfähige Eigenschaften zu, die im Bedarfsfall zu nutzen sind und von jedem Einzelnen auch genutzt werden sollten.

Wer die Welt
verbessern will,
der fange bei
sich selber an

Ignatius von Loyola

7 Literaturverzeichnis

7.1 Bücher

Behrens, J.; Langer, G. (2004): Evidence-based Nursing – Vertrauensbildende Entzauberung der Wissenschaft. 1. Auflage, Hans Huber Verlag: Bern.

Behrens, J.; Langer, G. (2006): Evidence-based Nursing and Caring – Interpretativ-hermeneutische und statistische Methoden für tägliche Pflegeentscheidungen – Vertrauensbildende Entzauberung der „Wissenschaft". 2. Auflage, Hans Huber Verlag: Bern.

Berning, A.; Berning, S. (2005): Wörterbuch für die Pflege. Englisch – Deutsch. Deutsch – Englisch. Elsevier GmbH, Urban & Fischer Verlag: München.

Jolley, D.J.; Wright, R.; McGowan, S.; Hickey, M.B.; Campbell, D.A.; Sinclair, R.D.; Montgomery, K.C. (2004): Preventing pressure ulcers with the Australian Medical Sheepskin: an open-label randomised controlled trial. MJA 2004, Apr. 5;180:324-327.

Kamphausen, U. (2005): Prophylaxen in der Pflege. 3. Aufl. Verlag W. Kohlhammer: Stuttgart.

Menche, N. (Hrsg.), (2004): Pflege Heute. Lehrbuch für Pflegeberufe. 3. Auflage, Elsevier GmbH, Urban & Fischer Verlag: München.

7.2 Skriptum

Burns, E. (2007): Evidence based Nursing. Unterrichtsskriptum an der Donauuniversität Krems, MSc Pflegepädagogik. 04_2007.

7.3 Internet

Behrens, J.; Langer, G. (2002): Beurteilung einer Interventionsstudie. URL: http://home.arcor.de/gero.langer/praxis/therapie.pdf, Zugriff am: 18.05.2007.

Bundesgesetzblatt für die Republik Österreich. (1999). Gesundheits- und Krankenpflege-Ausbildungs-Verordnung – GuK-AV, BGBl., Teil II, 179/1999. URL: http://www.medizinrecht-pflegerecht.com/Berufsrecht/Gesundheitsberufe/Ausbildungsverordnungen/GuK-Ausbildungsverordnung.pdf, Zugriff am: 18.05.2007.

Deutsches Institut für Pflegehilfsmittelforschung und –beratung. (2003): Dekubitus. Zur Wirksamkeit von Schaffellen zur Dekubitusprophylaxe. Orthopädie- Technik 1/03- S.36-39. URL: http://www.ot-forum.de/OT/split2003/ot2003.028-029.pdf, Zugriff am: 18.05.2007.

Kleibel, V.; Mayer, H. (2005): Literaturrecherche für Gesundheitsberufe. Facultas Verlag: Wien.

Langer, G.: German Center for Evidence-based Nursing. URL: http://www.medizin.uni-halle.de/pflegewissenschaft/index.php?id=347, Zugriff am: 18.05.2007.

Neander, K-D.; Hesse, F. (k.A.): Wirkung von medizinischen Fellen zur Dekubitusprophylaxe an den Fersen. URL: http://freenet-homepage.de/ModerneAltenpflege/ThemaWirkungvonFellen.doc, Zugriff am: 18.05.2007.

8 Anhang

8.1 Anhang 1

Wirkung von medizinischen Fellen zur Dekubitusprophylaxe an den Fersen.

URL: http://freenet-homepage.de/ModerneAltenpflege/ThemaWirkungvonFellen.doc

8.2 Anhang 2

Zur Wirksamkeit von Schaffellen zur Dekubitusprophylaxe.

URL: http://www.ot-forum.de/OT/split2003/ot2003.028-029.pdf

8.3 Anhang 3

Preventing pressure ulcers with the Australian Medical Sheepskin: an open-label randomised controlled trial.

URL: http://www.mja.com.au/public/issues/180_07_050404/jol10222_fm.html bzw. http://www.mja.com.au/public/issues/180_07_050404/jol10222_fm.pdf

8.4 Anhang 4

Beurteilung einer Interventionsstudie.

URL: http://home.arcor.de/gero.langer/praxis/bewertung.htm

8.5 Anhang 5

Die Braden – Skala.

URL: http://www.thomashilfen.de/thevo/inhalt/pdf_thevo/bradenskala_de.pdf